지하철

지하철

초판 1쇄 인쇄일 2019년 11월 29일
초판 1쇄 발행일 2019년 12월 06일

지은이 이창한
펴낸이 양옥매
표지디자인 정우형
본문편집 송다희

펴낸곳 도서출판 책과나무
출판등록 제2012-000376
주소 서울특별시 마포구 방울내로 79 이노빌딩 302호
대표전화 02.372.1537 **팩스** 02.372.1538
이메일 booknamu2007@naver.com
홈페이지 www.booknamu.com
ISBN 979-11-5776-805-9(03800)

이 도서의 국립중앙도서관 출판예정도서목록(CIP)은
서지정보유통지원시스템 홈페이지(http://seoji.nl.go.kr)와
국가자료종합목록시스템(http://www.nl.go.kr/kolisnet)에서 이용하실 수 있습니다.
(CIP제어번호: CIP2019047228)

* 저작권법에 의해 보호를 받는 저작물이므로 저자와 출판사의 동의 없이 내용의 일부를 인용하거나 발췌하는 것을 금합니다.
* 파손된 책은 구입처에서 교환해 드립니다.

지하철

이창한 지음

책과나무

작가의 말

  시인은 고독을 창작의 연료로 사용하므로 스스로를 경계의 이면에 감춰 둔다. 그러므로 시를 공개하기 위해서는 숨겨 둔 자신을 끄집어내는 용기가 필요하다.

  그동안 써 온 몇 편의 시들을 묶어 과감히 책을 냈다. 얼마 되지 않는 양이지만 인생의 한 여정을 마무리한다는 의미에서 출간하게 되었다. 시상이 떠오르자마자 그 자리에서 바로 쓴 시가 있는 반면 어떤 시는 쓰는 데 삼십 년이 넘게 걸린 것도 있다. 솜씨가 고르지 않다.

  상상은 상징을 통해 현실로 다가간다. 그러나 상징만으로 현실이 되기는 어렵다. 상상은 기호나 표(表)로 풀어 헤쳐져야만 비로소 현실에 내재하게 된다. 수학자는 수학기호를 사용하여 수학의 원리를 표시한다. 시인은 언어라는 기호를 통해 자신의 상상력을 살아 움직이게 한다.

  눈을 감으면 어떤 것이 내게 와서 붙는다. 나는 가만히 그것을 숨 쉬게 한다. 그것은 '나'라는 상징으로 변환되고 언어 기호의 통로를 거쳐 글이 된다. 그럴 때 '나'는 흐르고 확장되어 밖으로 나간다. 욕망이다. 명사인 욕망이 아니라 동사인 욕망이다.

글은 결국 욕망에 다름 아니다. 그것이 누구에게 닿아 신호가 되면 욕망은 비밀의 문을 연다. 그 순간 나의 욕망과 그의 욕망이 만나 새로운 욕망을 만든다. 감성의 탄생이다. 내 시들이 품은 욕망이 죽지 않고 조금이라도 살아 나간다면 더 바랄 것이 없다.

사랑하는 사람들에게 이 책을 바친다.

2019년 12월
이창한

목차

작가의 말　　　　　　　　　　5

1부　계절의 드레이퍼리를 펼치면

소래포구에 눈이 내린다	12
가을날에는	14
봄 소리	16
가을바람 앞에서	18
나신의 비	22
눈을 밟으며	24
바람 고운 날	26
오월의 희망	28

2부　달이 지고 어둠이 시들면

오래된 일상	32
사랑은 흘러가도	36
봄을 기다리며	38
가을 그리고 그리움	40
겨울 꽃	42
비 오는 날에	43
여치의 가을	44
임의 노래	46

3부 매 순간의 삶이 사랑이었다고

좋은 날	50
사랑하고 싶은 마음	52
오월은 가도	54
봄 처녀	56
부부의 기도	58
사랑에 대하여	61
애린(愛鱗)	70

4부 세월이 흐르고 나서야

관계학 개론	74
이상한 거래	90
대상	92
사물의 말	93
식사 보고서	97
인생은 간다	102
황혼	106
지하철	107
함박꽃	114
동시 모방	116

5부 아스라이 다가갈 수 없는

공기	130
장마	132
권력의 손	134
얼굴	137
미스터 제로의 기묘한 행각	142
안개의 나라	158
슬픈 날의 생각	162
어떤 사내의 모험 여행	164
진보의 애가	168
한강	176

1부

계절의 드레이퍼리를 펼치면

소래포구에 눈이 내린다

육지가 미덥지 않아 바다로 흘러드는
소래포구 허리에 일렁이던 햇살은
은빛 멸치 떼로 튀어 오르다
수평선 너머 무지개로 사라져
미역 내음의 머리칼을 가진 옛 소녀의
가슴에서 꽃으로 흩어진다
그 예전 포구에서는 갈대 바람이 숨어들고
비릿한 물기를 한가득 폐에 담은 사내들이
바다에서 뭍으로 오르면
포구는 촛불처럼 흔들렸다
그때마다 멱을 감던 소녀는
가슴을 열어 바다를 풀어 보냈다
지금 소래포구로 월장하는 사람들은
점판암 같은 입김을 토해 낸다
도시가 휘몰아치다 겨우 멈춘 이곳
소래포구에 눈이 내린다

백색 날개를 편 해파리 떼가
정적의 공간을 뚫고 직하한다
눈의 씨앗이 자라
눈의 풀과 눈의 나무가 되고
바다 한가득 눈의 뜰을 만든다
색채들이 희석되고
있는 것들이 덮일 때
무겁던 소래포구도 조금은 가벼워진다
소래포구에 한없이 가벼운 눈이 내린다
흰 하늘이 내린다

가을날에는

뛰어가 봐요
가을날에는
금빛 모래 한 줌
코스모스 안개에 젖은
명주 머리칼 위에 뿌리며

뛰어가 봐요
맑은 가을날에는
푸르다 못해 시린
강변 너머
얼음 꽃가루 날리는 언덕으로

뛰어가 봐요
풍요한 가을날에는
터질 듯한 가슴 안고
현란한 수채화 한 폭

쏟아져 내리는 하늘로

뛰어가 봐요
쓸쓸한 가을날에는
넉넉한 시간의 화원
졸릴 듯 잉잉거리는 공간에서
가만히 가만히

사람은 없어도 좋아요
단지 너와 내가 있다면
어이할 수 없는 입술에
지금 불이 붙는다면

뛰어가 봐요
이런 가을날에는
단지 너와 내가 있다면
그저 뛰어가 봐요
청량한 일몰 속으로

봄 소리

얼음 녹는 뽀로롱 소리

움츠렸던 땅 풀린다고 아파 떠는 부르르 소리

빛에서 이 돋아 허공 갉는 사그락 소리

새싹 삐죽이며 수줍게 팔 올리는 새초롬 소리

아지랑이 하늘거리며 아양 떠는 호호호 소리

꽃 피며 밀려나는 자리 깜짝 놀라 퉁퉁거리는 소리

뭉게구름 몽실몽실 일어나며 번지는 두근두근 소리

햇살에 마르는 그림자의 종이 구겨지는 바스락 소리

종달새들 희롱하며 노는 지지배배 소리

황톳길을 맨발로 뛰는 아이들의 찰박한 소리

눈먼 사랑이 가슴 불태우는 화르륵 소리

낙엽 지는 소리가 쓸쓸해서 좋다는 고독의 사람들도

생명이 약동하는 소리가 그리워

고체 같은 겨울에 봄의 파수꾼을 붙여 놓았다

가장 마지막에 겨울을 보내는 자가 가장 일찍 봄을 맞이하고
밤을 눈 밝혀 새우는 자가 새벽의 빛을 가슴에 담는다

영혼을 품었기에
차디찬 얼음의 왕국에서도 빙결되지 않고 살아남아
봄이 되면 소리는 제 살로 운다

봄의 정령을 맞이하기 위해
굳은 대지는
깨어 있는 정신으로 기도한다

소리들이 뭉쳐 봄을 밝힌다

가을바람 앞에서

바람의 커튼을 열면
제2막의 공간이 보이고
계절의 드레이퍼리를 펼치면
제3막의 색채가 나옵니다

지난여름에는
온통 녹색뿐인 지평에 기대어
한 호흡, 호흡마다
혈관을 토했습니다

하루하루가 거칠기만 한 성감대를
도덕 위에 올려놓는 것처럼
힘겨웠습니다

그제는 부대끼는 정신이 서러워
소금같이 깨어 있었습니다

어제는 소금마저 태우는 열기에
차라리 눈물이 되었습니다

잔인하도록 더운 일상과
무엇으로도 식혀지지 않는 절규는
어찌할 수 없던
온도의 장난이었나 봅니다

오늘은 바람이 보입니다
큰 낫을 들고
솟구치는 열기를 추수합니다

여름이 찢기웁니다
지평도 찢기웁니다
찢어진 지평 사이로
가을의 속살들이 고개를 내밉니다

가을바람 앞에 섰습니다
눈이 감깁니다

바람 속으로 던져집니다
이제 바람입니다

바람의 커튼을 열면
숨겨진 공간이 드러나고
계절의 드레이퍼리를 펼치면
불멸의 색채들이 튀어나옵니다

가을입니다

나신의 비

비는 그냥 내리는 법이 없다
늘 가슴과 함께 내린다
잠든 시간을 조용히 깨우고
다가오지 않은 시간을
가만히 당겨 온다

약한 가시털의 엉겅퀴는
남루하고 초라해 보일지라도
비바람과 대면하는 들녘에서의 모습은
장미보다 엄숙해서
숨을 붉힐 수밖에 없다

누구든 시간을 익혀 삶을 만든다
잘 보이지 않지만 치열한 고뇌가
부유하는 시간들을 담금질하고
삶을 찰지게 만든다

비가 내리면 엉겅퀴의
시간은 오밀조밀해지고
공간은 세밀하게 찢어진다

좀 더 계절이 익어
라일락 꽃 지며
아카시아 꽃 필 때면
모든 감각들이 뒤범벅되고
한 올 한 올의 빗줄기도
흠뻑 감성에 젖어
피어오르는 아지랑이처럼
흐드러지게 뿌려질 것이다

이렇게 비 오는 날 하루쯤은
감정의 나신으로 있어도 좋겠다
인생의 벌거벗은 어느 하루
그것은 삶의 복이자 예찬이 아니겠는가
라일락이 아카시아가 되고
아카시아가 다시 엉겅퀴가 되기까지
시간이 흐르는 날의 어귀에서

눈을 밟으며

바위가 이끼를 키우지 않았다면
나는 바위를 사랑하지 않았을 것이다
바다가 파도를 일렁이지 않았다면
나는 바다를 사랑하지 않았을 것이다

죽어 있는 것이 산 것을 키우고
속 깊은 고요에서 파문은 나온다

흔들리지 않고서야 어찌 사랑을 알 수 있으랴
주지 않고서야 어찌 사랑을 할 수 있으랴
비우지 않고서야 어찌 사랑을 채울 수 있으랴

눈길을 걷는다
발밑에서 눈이 뽀드득 부서진다
성기고 약한 것들만 소리를 낸다

사랑이다
연인들의 속삭임
첫 입맞춤의 탄식

눈길을 걸으면 얼어붙지 않는 언어가 있고
단호하지 않은 윤곽의 얼굴들과 남루한 풍경이 있고
같이 길을 걷던 추억들도 있다

눈을 밟으며
나를 밟으며 간다

바람 고운 날

바람이 참 곱다
숨소리마저 미끄러질 것 같다

두 팔 가득 안으면
풋바람들이 튀어 오른다

푸른 하늘에 바람이 적시운다
허파가 하늘로 물든다
햇살 스치는 푸르름이 무겁다

오늘은 바람 고와서
그림자 잦아들고

마음 흐르는 대로
비단 같은 시간
길을 걷는다

오월의 희망

오월에는 눈물도 따스하다
손금마다 푸른 땀들이 돋고
실바람이 나를 밀어낸다
멀리 갈수록 사람들이 정겹다
모르는 사람들과 끌어안고
모르는 언어를 나누고 싶다

허공에는
흥겨운 빛들의 울림이 가득하고
경계가 터져 나간다
아무 곳이든 다다르는 햇빛이 되어
몸속 묵은 바람을 내뱉으며
모르는 곳들로 가 보고 싶다

수많은 세월의 이야기로 물든
조약돌에 귀 기울이고 싶다

어느 해맑은 눈동자의 아이 손에서
온몸의 속살을 드러내 놓던
작은 돌의 비밀을 알고 싶다
거기에 가슴을 묻고 싶다

깃털처럼 가벼운 무게가 되고 싶다
흔들리다 보면 무겁고
무겁다 하면 또 흔들리는 세상이라도
우리는 희망을 꿈꾸지 않는가
바람 부는 대로 나부낄 수 있도록
여위고 싶다

그림자마저 벗어 던지고 싶다
쇠사슬 같은 관계의 손들과
틀로 빙제된 시공에서 풀려나
먼지처럼 떠다니고 싶다
존재의 가벼움을 사랑함은
커질수록 붙잡기 어려움을 알기에

2부

달이 지고 어둠이 시들면

오래된 일상

우리는 자신을 잘 모르기에
스스로를 그리워했다

그래서 고독을 우러르며
사람들은 해 지는 서녘으로 달려갔다

추억은 위험한 여행
과감히 밤을 역류해서

하나하나 빛을 잃은 것들을 되새기며
처음의 새벽을 만져 보려는 것이다

하지만 일상의 날들이 쌓여
의자가 되고

언젠가는 그 의자에 앉아

지나온 시간을 깎아야 하는 순간이 온다

뾰족한 시간이 연필심처럼 찌른다
등이 가렵고 꽃이 피려나 보다

아무리 예쁜 꽃이라도
피어나지 않은 것만은 못하고

기다림이 끝난 것은
기다림을 그리워하지 못한다지만

늙은 그리움이
젊은 사랑을 이기지 못하듯

지금 이 자리는 인내심을 갖고
무엇을 기다려 주지 않는다

하여 물밀듯 밀려드는 아우성들을
아무리 무시하고 무시하려 해도

일상이란 결국 끊임없이 자신을 마모시켜
숨은 꽃망울을 틔우는 것일 수밖에 없다

사랑은 흘러가도

그대 그리울 때면

내 마음

한 방울 갈증으로

시퍼렇게 불타는 멍과 같아

그대 부를 때면

내 마음

땅속 깊은 곳에서 솟구쳐

잎으로 흔들리는 바람이 되고

세월이 가면

사랑도

희미해지는데

청춘의 나루터에는

아직도 애련의 사람이 있어

그대 눈 감을 때면

내 마음

흐르는 풍경들 속에 정지된

한 장의 낡은 사진이 되고

추억의 강 속을 떠도는

염원이 되네

봄을 기다리며

겨울을 움켜쥐면
단호한 겨울이 깨지며 소금이 된다
진눈깨비를 증발시켜 남은 풋풋한 정령들
작년 가을에 심은 밤톨만 한 봄이 깨어나고
연한 햇살이 솜털 같은 새싹을 간질일 때마다
움찔움찔 아지랑이가 한 치씩 자라나고
하늘은 슬며시 두 치씩 밀려간다

그리움이 풍성한 구름으로 일어난다

겨우내 얼었던 날갯짓이 녹으면
봄보다 먼저 달려와
꽃을 피우는 것들의 소식을 전하기 위하여
허공에 길이 열린다
그 길 저 멀리 어느 아득한 곳에
그리움이 있다

한 뼘도 안 되지만
만근 같은 겨울을 건너온
봄의 손가락 한 마디를 잡는다

늙은 불에서 어린 불꽃이 튀어나오듯
차가운 얼음에서 따스한 눈빛이 큰다
겨울이 길수록 그리움은 깊어지고
만남의 새벽은 설레는가

눈 감으면
시리디시린 은하수 쏟아지던 언덕에
풀이 돋고 꽃이 피고 사람이 온다
보지 않아도 봄이다
아, 나의 봄이여
기쁨이여

가을 그리고 그리움

어느 가을날
우체통 가득 엽서가 쌓이면
가을은 문득 그리움이 된다
소인이 찍혀 제 갈 길이 정해진 사연들이
뿔뿔이 흩어지고
낙엽들도 엽서를 닮아
어디론가 휘날려 사라진다
사라지는 것만큼 그리운 것도 없다
해가 몸을 휘며 허공에서 꺾일 때
낮도 밤도 아닌 시간의 어스름한 중간에서
내 그리움은 갈 곳 없이 서성인다
우리가 무엇을 잡을 때마다
그를 생각하면 그것은 통로가 되지만
그에게는 주소가 없어
내 그리움의 언어는 갈 곳이 없다
그는 있지만 나의 그가 아니라서

그리움이 눈물 흘린다
그 눈물은 내 인생에게 바치는 아픔이다
지금 그리움에 눈물 흘리는 사람은 알리라
하늘에 모든 푸르름을 버리고
엽서가 된 낙엽의 마음을
그리움은 그저
다가가고 싶음일 뿐이라는 것을

겨울 꽃

겨울에 꽃이 피면
님이 오신다 했다

가슴은 아직도 울긋불긋
가을 단풍물 밴 자리

산골짜기 눈이 내리면
어디선가 바스락거리는 소리

가슴에 눈꽃 피는 소리
사립문 스치는 옷깃 소리

겨울에 꽃이 피면
이미 님이 같이 있다 했다

비 오는 날에

비 오면 눅눅해지는 상념
훌훌 털면 추억들이 비산한다

그때는 치기로 달렸으니
능선들이 따로 없었다

어리던 감정들은
벌써 녹아 없어졌지만

비 오면 허공에 고이는
그때 눈물 어린 시간들

그리워 그리워 빗속을 걸으면
어린 소년이 앞서서 달린다

여치의 가을

바람은 달빛을 잘게 씹어
은빛 숨결로 내뿜고
하늘에는 검푸른 마차 한 대
허공에 걸려 있다

가을이 익어 떨어지는 지평선 쪽으로
무거워 머리 숙인 풀잎 위에
여치 한 마리 홀로 앉아
계절의 무게를 더한다

가을은 풍요롭기에 두렵고
밤은 한없이 적막해서
풀잎은 홀로 외로운 사유를 하고
여치는 흐린 노래를 부른다

시간이 흘러 달이 지고 어둠이 시들면

계절은 조금씩 부서져 가고
여치의 노래는 더욱 흐려지지만
고독은 더 밝게 빛난다

여치는 이제 어디로 가려나
늙은 풀잎을 뒤로 두고
지는 보름달을 쫓아
계절을 영영 떠나려는 것일까

임의 노래

사랑한다고 말하면 더욱 그리워
공연히 잊으려 애쓰는 마음

억지로 돌아서는 발걸음에
산어귀 진달래는 붉게 물들고

행여 가실까 뒤돌아보면
멀리서 소쩍새는 푸르른 울음

허공에 걸린 달은 님의 얼굴
가만히 보듬고 입술 맞추지

지워도 지워도 님이 남아서
없앨 수 없는 가슴에 님이 남아서

사랑한다고 말하면 더욱 그리워

남 몰래 지우는 님의 목소리

3부

매 순간의 삶이 사랑이었다고

좋은 날

햇살 얇은 오월의 어느 오후
마음은 한없이 가벼워져
바람 부는 대로 이리 날리고 저리 날리다
라일락 향기 너무 짙어
바람마저 숨을 죽인 그곳에
가만히 가만히
내 순진무구한 사랑과 정염을 달래며
나는 너와 함께 도착하였느니

눈을 감으면
라일락 그늘 아래
탄식의 언어를 잣던 청춘의 연인들은 남아
싱싱한 살내음의 이야기를 전하고
저 멀리 바다 위
희다 못해 고스란히 속을 내보이는
뭉게구름 한 뭉치
멀리 떠나간 연인들의 사연이 너무도 버거워

뜨거운 가슴을 한바탕 풀어내나니

아아 우리는
불안한 포옹과 입맞춤으로
그때 한 남자와 한 여자가 만든
시간의 내밀한 방으로 들어가나니
라일락 향기는 너무 짙어
햇살 마디마디를 끊어 내고
구름마저 호흡이 거칠어지면
우리가 더 이상 무엇을 하리
눈물이 고일 듯한
오월의 머무를 수 없는 오후에

사랑하고 싶은 마음

사랑하고 싶어요
누군가를
두근거리는 가슴이
꽃처럼 피어날 때면

사랑하고 싶어요
누군가를
그리워하는 마음이
노을 져 아롱질 때면

사랑하고 싶어요
누군가를
화끈거리는 얼굴이
바람에 식혀질 때면

사랑하고 싶어요

누군가를

뒤돌아서는 발길이

저절로 멈춰 설 때면

오월은 가도

보라

나만의 뜨락에

흰 붓꽃으로 피어나는

미욱한 상념

노을 지면

그대 향한 사랑

꽃잎을 닫을 만도 하거늘

오월에는 밤조차 잠들지 않아

그대 향한 마음의 문

활짝 열려 있어

오라

아이리스의 전설로 사는

피렌체의 사랑

어둠 속에서 더욱 빛나고

숨 막히는 열정

식지 않는 가슴을 태워
오월의 밤은 지쳐만 가니
그대 있다면
내 충혈된 핏줄
잠들기라도 하련만

아쉬워라
비단 같은 머리를 풀어 헤치며
온 나신을 드러내는
오월의 마지막 순간이여
오월은 가도
내 사랑은 푸르른 잎으로 남아
그대를 기억하리니
시간이 흐를수록
푸르름은 더해
그대 향한 멍이 되나니

봄 처녀

난 몰라요
가슴이 아려요

하늘을 보면
구름으로 떠오르고

창밖에서
누군가 부르네요

어지러워요
쓰러질 것 같아요

기대고 싶어요
얼굴을 묻고 싶어요

눈을 감아도

아무도 없네요

고운 꽃 피면
떠나갈래요

어딘지 몰라도
님 계신 곳으로

부부의 기도

우리의 만남이 주님의 뜻이라면
주님의 뜻이 온전히 이루어지도록 하소서

우리 사랑이 마른 갈대밭을 태우는 죽음의 불이 아니라
봄의 새순을 돋우는 생명의 물이 되게 하소서

그의 말없는 응시조차 하나의 기쁨이 되어
우리 사랑을 견고히 다지는 영롱한 기반이 되게 하소서

아침에 눈을 뜨면 그의 존재가 나의 존재
밤새 덥힌 체온으로 오늘을 이루게 해 주소서

때로는 노여움과 미움이 가뭄처럼 사랑을 메마르게 할지라도
그것은 사랑의 뿌리를 더욱 깊이 내리기 위한 시련이라고 말해 주소서

사랑이 굶주린 짐승처럼 서로의 것을 빼앗는 것이 아니라
풍요로운 가을처럼 가진 것을 같이 쌓아 올릴 수 있도록 하여 주소서

그리하여 삶의 여정에서 우리의 사랑이 곧 삶이고
매 순간의 삶이 곧 사랑이었다고 말할 수 있게 해 주소서

짓궂은 운명이 우리를 괴롭히고 힘들게 할지라도
그건 주님의 뜻이 아니라 인간의 어리석음 때문이라고 말해 주소서

언젠가는 우리에게도 길 떠나는 나그네의 운명이 다가오겠지만
그마저도 우리 사랑을 빼앗아가지 못하게 하여 주소서

우리의 사랑이 처음에서 이루어진 것처럼 끝까지 이루어지게 하시고

이느 이름 모를 어둠의 끝에서도 밝은 빛으로 빛나게
해 주소서

사랑에 대하여

/
1

하나에서 모든 것의 의미를 찾을 때
모든 것에서 하나의 의미를 찾을 때
저는 그 하나를 사랑이라 부르렵니다

/
2

하늘 같은 자유도
사랑이 없으면
고독하지요

/
3

잃어버리지 않고서는 알 수 없는 것이 가진 것이듯
이별해 보지 않고서는 느낄 수 없는 것이 사랑이지요
하지만 시작도 하기 전에 부푼 가슴은 무엇인가요

4

사랑에 취해 사랑을 버리는

비운의 계절에

나는 그저 절벽처럼 울고 있었다

5

사랑의 심장에 칼을 넣으면

사랑은 죽지 않고

마음이 죽는다

6

사랑

두려운 언어

무서운 희열

7

나는 그를 탐했다

사랑 이전에

내 것이었으므로

8

사랑을하건사랑을아니하건늘아픔이있기때문에사랑은아픔이고이별은사랑의영원한짝이므로이별을하건이별을아니하건이별도아픔일수밖에없으므로사랑과이별의중간에있는것은오로지아픔의상처들이흘리는피비린내나는절규들뿐

9

그날, 그림자가 무척이나 길어진 날
우리는 영원히 끝나지 않을 것만 같은 길을 걸으며
아무 말도 하지 않았지만 그것은 사랑이었다

10

우리가서로를사랑하기전까지우리는각자서로다른사람에불과했지만

사랑이시작되고우리는하나의짐승이되어

그어떤언어와도교감하지아니하고순전히본능에만따랐노라

11

사랑이 치유할 수 없는 병이 있다면

그것은 바로

사랑이지요

12

사랑이여

내 아득한 정신의

최후의 피난처가 되어 주소서

13

사람아 사람아

사랑에 속으면

젖어드는 인생이 있단다

14

사랑은 너도 나도

형용사도 부사도 허용치 않지요

주위에 있는 모든 것을 녹이니까요

15

채워도 채워도 부족한 것이 사랑이라면

비워도 비워도 넘치는 것이 그리움이지요

그래서 사랑은 그리움으로만 채울 수 있답니다

16

나는 밤이면 네 속에서 잠을 자며

너를 꿈꾼다

내 속에서 자는 너의 혼곤한 꿈을

17

사랑이 불완전하여

증오의 불꽃을 피워 올릴 때면

차가운 죽음의 물을 뿌려 주옵소서

18

사랑 탄다 사랑 탄다

봄 타고 가을 타듯

네가 타고 내가 탄다

19

곰삭을수록 쏘는 홍어처럼

매운 사랑은

결코 늙지 않는다

20

당신의 이름이 마모될까 두려워

차마 불러 보지 못하고

애타게 입속에서만 맴도는 마음이었습니다

21

삼각형적 사랑과 사각형적 사랑을 포용하는 유일한 방법은 이들의 모든 꼭짓점을 접하는 공간을 형성하기 위하여 일곱 개의 조건방정식을 푸는 것인데 그것은 참으로 난해한 작업이므로 사랑은 어려울 수밖에 없다

22

사랑은 하이델베르그의 양자처럼

특정적 객관적으로 관찰되지 않으므로

늘 불확정적이다

23

내게로 와요 내게로 와요

빗소리에 실루엣 흘려보내고

온통 비의 몸으로 와요

24

꽃이 피면 사랑 피고

낙엽 지면 사랑 지네

아, 사람아 숙명아

25

사랑에는 두 개의 심장이 있어요

하나는 나의 것 또 하나는 당신의 것

하지만 하나처럼 같이 뛰지요

26

당신의 사랑이 넓고 밝은 방과 좁고 어두운 방을 가지고 있다면

저는 어두운 방에서 촛불을 켜고 나만의 당신을 기다

리겠습니다

비록 심지가 다 탈 때까지만 당신을 볼 수 있을지언정

27

자꾸만 낮은 곳으로 흘러드는 물의 습성을 혐오하여
무중력의 언어를 희구했던 낭만의 시절에도
새벽을 울어 본 열정 없이는 사랑을 이야기하지 못했다

28

낡은 습자지 같은 가슴도
사랑이 채워지면
넓고 푸른 바다라지요

29

사랑은 그리움을 가격으로
수요와 공급이 같은 방향으로 질주하는
맹목적 재화

30

고독에 취해

천지간을 미친 듯이 헤매다

나 이제 여기 고요히 머무르나니

애린(愛鱗)

투명한 아침 이슬 먹은 꽃잎이 흔들릴 때
당신은 이 세상에 사랑의 비늘을 뿌려

바람에 흐트러지는 햇살은 허공에 그물이 되고
비늘 하나라도 걸리려는지 내 마음은 홀로 바빠

손을 뻗으면 그대 사랑 몽환처럼 스러지고
베인 손금에는 길이 없어 나는 들판을 헤매

천년을 키워 온 사랑 늘 어려
나는 별을 따다 그대 뜨락에 묻어

하늘의 별이 모두 그대의 비늘이 되면
당신은 나에게 사랑의 그림자를 드리워

당신의 그림자 속에 내가 있어

서로의 옷깃을 무겁게 해

하지만 밤 꽃이 지면 밤은 사라져
별은 없고 그대 더욱 그리워

텅 빈 소매에 서걱거리는 갈증 달래며
그대에게 머리를 눕혀

사랑이 시작되는 계절에 나는
온통 비늘 바다를 안으며 그대를 기다려

4부

세월이 흐르고 나서야

관계학 개론

1. 빛 속을 보다
에익,
퉤!
부처님도 놀라셨지
입속의 먼지

2. 욕망
마음이 마음의 씨를 뿌리고
마음먹고 마음을 키워
마음의 열매가 주렁주렁
세상이 다 마음 천지

3. 사랑의 원천
나는 나를 안았다
실수였다
나 대신 너를 안아야 했는데

비록 등 뒤에서라도

4. 식물의 꿈
꿈을 꾸는 식물
계속 위로 위로
한 점 빛과 마주칠 때까지
오를 수만 있다면
뿌리부터 잎사귀 끝까지
전설을 이야기할 텐데
오만일지 몰라도
꿈이기에

5. 변명
다음에 이야기하려 하지 마
지금이 아닌걸
미래는 과거의 현재
기약할 수 없는 것은
추억할 수 없는 것

6. 순진의 힘

순이 예쁘고 통통한 볼

철이의 손가락에 찔렸네

빨갛게 익은 과일에

앙증스러운 까만 꼭지

7. 그대

예쁘면 밉지 않고

미우면 예쁘지 않고

이렇든 저렇든

생각나고 보고 싶으면

나의 한쪽

8. 일상

꽃 핀다고 바람 불랴

바람 분다고 꽃 피랴

꽃 피고 바람 불고

바람 불고 꽃 지고

날이 지고 피고

세월이 피고 지고

9. 창호지

회한의 이야기를 하는

젊은 날은 언제까지일까

한 걸음에도 찢기는 시간이라면

한 번의 응시에도 사라지는 공간이라면

나의 청춘이란 건

지독히도 얇고

무섭게도 창백한 것을

떠도는 언어에도 축축히 젖어드는

젊은 날의 영혼들은

어느 삼투압의 작용으로

다른 세상을 통과하고 있을까

10. 살아 있는 것들

빛이 없어도 먼지는 존재하지만

빛이 먼지를 어루만질 때

먼지는 너울거리고

먼지에 떨려야 빛은 소리를 낸다

어둠 속에서 그저 떠돌던 것들이

빛을 만나 이름을 얻고

무심히 지나가던 것들이

먼지를 만나 찬연히 타오른다

몰랐다면 고요의 어둠에 묻혀 있고

만나지 않았다면 목숨값이 없을 것을

드러냄으로 인연은 시작되고

삶은 이윽고 위태로워진다

11. 사랑의 유희

그가 그리워 그를 보다

그를 그렸네

그는 제자리에 있건만

그가 없어

그로부터 나를 찾으려는

내가 가엾네

12. 늙은 호박의 노래

호박아

호박아

늙은 호박아

늙은 세월아

13. 사랑의 중심

사랑이 끝나고 증오가 시작되거나 또는 사랑이 증오와 뒹구는 곳

14. 고등생물

진심을 진심이 아니라 하고
진심이 아닌 걸 진심이라 하고
사실을 사실이 아니라고 하고
사실이 아닌 걸 사실이라 하고
있는 걸 없다 하고
없는 걸 있다 하고

15. 바벨탑

위로 뻗어 가라고
아래가 받쳐 주지만
위를 열망하는 것들은
아래를 잊기에
위도 아래도 얻지 못한다

16. 축복
사랑은 햇빛으로 꽃 피우고 달빛으로 열매 맺는다

17. 아침은 온다
눈이 번쩍 뜨이든 영 안 뜨이든 해는 눈을 감지 않는다

18. 별리
어여

이리 와 보소

세월은 낡은 옷처럼 헐겁고

곰삭은 실밥의 싹이 돋아

꽃이 피네

저것이 열매를 맺으면

우리는 세월의 구름으로 떠나네

가볍디가벼운 바람에도 날려

언제라도 밀려날 수 있게

조금이라도 무게 나가는 것은

다 내려놓게나

행여 아쉬움과 근심이 있다면

그것은 사치

떠나는 것들에게 흔적이 무슨 소용인가

한 숨이나 한 내음도 남기지 마세

어여

이리 와 보소

꽃 피고

바람 부니

얼마나 떠나기 좋은가

아지랑이로 가세나

손잡고

저 위로

19. 죄의 종말

타인에 의한 아픔은 참을 수 있고

타인에 의한 괴로움은 용서할 수 있지만

자신에 의한 아픔과 괴로움은

참기도 용서하기도 어렵다지

씻지 못할 죄는 없지만

자신 스스로를 용서하기 어렵다면

그대들의 길은 더러운 헝겊으로 구겨져

시궁창처럼 썩어 가겠지

밝은 날 그대의 정신은

바늘처럼 날카로운 햇살에 찔리고

밤은 둔탁한 무게로 가슴을 누르겠지

그대들이 숨 쉬는 공기는

역겨운 물을 흠뻑 먹은 독약

죗값만큼이나 혹독한 내일이

그대들을 기다리고 있겠지

죄의 삶은

두터운 지층 아래서 신음하는

두더지의 운명

자책하라

죄지은 형상들이여

본래의 모습을 지우고

타인으로 살아야만 하는 족속들이여

그대들의 죄가

심장에서 붉은빛을 지울 때까지

슬퍼하고

아파하고

회개하라

20. 자연스럽게

운악산 병풍바위에

가을이 찾아오면

단풍나무는 봄 처녀

가슴으로 설레어

온 뺨에 붉은 정념

눈송이로 그득 피우지

21. 친구 사이

내 거 내놔

못 줘

왜 못 줘

주기 싫으니까

거…참

22. 흔한 사랑

나 사랑해?

그럼

정말 사랑해?

그렇고말고
정말 사랑하는 거지?
아 그렇다니까
근데 목소리가 왜 그래?
내 목소리가 어때서?
꼭 귀찮은 것같이 들리네
거…참

23. 청춘은 간다
청춘아
안개 낀 청춘아
앞이 보이지 않아서가 아니라
지나온 길이 보이지 않아서
더 슬픈 청춘아

24. 위치의 함수
똑같은 행위가
좋은 관계에서는 미덕
나쁜 관계에서는 악덕
똑같은 소문이

좋을 때는 찰떡

나쁠 때는 개떡

25. 종교가 묻다

예수는 자비를 말하고

부처는 사랑을 말하고

사람은 증오를 말하고

예수는 법을 믿으라 하고

부처는 말씀을 믿으라 하고

사람은 신을 믿으라 하고

예수는 극락이 여기에 있다고 하고

부처는 천국이 여기에 있다고 하고

사람은 여기에 아무것도 없다고 하고

예수는 병들어 죽고

부처는 십자가에 못 박혀 죽고

사람은 아무렇게나 죽고

26. 현대
시간이 나보다 늘 앞서가는 곳

27. 팽창시대의 화법
모르시는 게 뭔가요?
저는 아는 거 빼곤 다 모릅니다
모르는 것도 없지만

28. 바람의 마음
아무도 없는 산속에서 고적히 푸르다가
벌판으로 내려와 들꽃에 물들었네
아름다운 향기 무거워 마을로 흘러와
소녀의 색동저고리 속에서 잠드네

29. 잠과 꿈의 부정합
잠이 옅으니 꿈이 얇다
달은 노란 수은으로 물들고
겨울 감 하나 떨어진다
지평선이 출렁거리고

잠 속의 꿈이 밤을 멀미한다

마그네슘으로 타오르는 해를 맞이하기에

새벽은 아직 멀고

과거의 편린들은 어두운 미로를 배회한다

잠은 그렇게 꿈꾸어도 달라질 것 없는

사건들을 지속적으로 반추시키며

지독한 고독을 연소시킨다

매연으로 녹슨 꿈 조각들로

잠은 더럽혀진다

아침 창문을 열어 환기시키지 않으면

잠도 꿈도 아프다

그러나 너무도 먼 아침까지

잠과 꿈이 부유할 시간은 길다

30. 향기

기억하지 않아도 좋아

느낄 수만 있다면

보이지 않아도 좋아

존재하기만 한다면

퍼지지 않아도 좋아

머무를 수만 있다면

고요한 황홀

시간을 휘감는 공간

눈을 감고

그 속에 침잠하나니

31. 상실

당신은 혹시 잊어버리는 것을 잃어버리는 것은 아니겠지요?

잊어버리는 것은 숨는 것이고 잃어버리는 것은 사라지는 것인데

잊어버리더라도 잃어버리지는 말고 잃어버리려면 잊지도 마세요

32. 비밀

수선화를 보았네

하얀 잎 위로 노란 봄이 돋았네

무슨 빛을 감추고 키웠기에

대지는 겨울옷을 그리 여몄던 것일까

이상한 거래

지금
사는 순간이 죽는 순간이라니
모르는 것들의 접점
현실과 꿈의 관계

교차로,

과거는 미래로
미래는 과거로
엉킨 시간 속에
하고많은 사연들

별도 결국 늙어 부스러지거늘
하물며 사람의 사정이야
산다는 것은 교환이 없는
이상한 거래

그런 시절에 누구는 누구를
어느 이름으로 만나서
어떤 이름으로 헤어지는가
반숙된 인연

살았지,

살다 보면
무심한 풍경 속으로 익사하는
지나온 발자욱들
돌아보면 늪이 되고

대상

눈 감으면 물안개처럼 피어오르는 영혼의 비밀
품속 오랜 세월 고이고이 간직한 기도
다른 이름들 속에서도 찬연히 빛나는 유혹
라일락 향기로 피어오르는 관능의 화신
마침표 없이 가쁜 질주로 다가오는 바람의 시선
외면할수록 앞에 서 있는 운명의 예정
희열과 고뇌로 충만한 판도라의 점지
하루의 견고한 빗장을 푸는 아침의 열쇠
시작과 파국의 중심을 장식하는 주문
차오를수록 부족한 모순의 극치

사물의 말

1. 달맞이꽃

짐승이 되지 못해 헐떡이는 숨결이다

화살이 있다면 그대 심장을 쏠 텐데

얼음같이 차가운 그 얼굴은

나의 지친 소망조차 외면하는가

2. 장미

한 꺼풀 한 꺼풀 헤치며 벗는 옷이

누구를 조롱하는가

그대 살결에 그려진 고운 무늬도

알고 보면 오만의 외로움인걸

3. 수선화

나를 조금만 받아 주세요

내 숨죽인 외침만이라도

그대 손끝에 걸리게 하고 싶어요

희미한 당신의 그림자 손가락일지라도

4. 선인장
분출해도 분출해도
안으로만 갈무리되는
터질 듯한 욕망은
그대 향한 사랑에의 일념

5. 진주조개
내가 조개라면 그대는 진주
둔탁한 껍질 속에 감추어진 결정
기나긴 세월의 응축으로 빚은 이름
가슴 저릿한 기원

6. 손톱
부러지고 잘라 내는 자아 중에
안 아픈 것이 있겠냐마는
죽어서 자라나는 것들은
그 어떤 원망도 하지 않았다

7. 책상

그것은 지식을 위한 것이라고 했지만

사실은 욕망의 인큐베이터였을 것이다

지식이란 것도 빨간 립스틱으로 입맞춤하면

심장에 탄 자욱이 남는다

8. 술

오묘한 정신의 빛이여

하늘과 땅을 잇는 언어여

탄식의 연금술로 빚는 공간이여

결국 우리가 잠드는 액체의 관이여

9. 발톱

산다는 것은

거친 모험의 길을 걷는 것이었기에

삶은 갑옷보다 딱딱한 정신으로 무장한

뼈의 업

10. 돈

없는 것보다는 있는 것이 낫다지만

많다고 싫어하지도 않지만

더욱더 많아서 슬픈 것은

세속을 혐오하는 겸손 때문

11. 여행

정지하는 것보다는 움직이는 것이

움직이는 것보다는 흘러가는 것이

흘러가는 것보다는 기억하는 것이

기억되는 더 아름다운 여정

12. 안경

사물을 똑똑히 보려 할수록

좋아지는 만큼 싫어지는 것은

세월이 흐르고 나서야 깨달은

나의 눈

식사 보고서

1. 간이 식탁 보고서
지금 소주 독이 몸에 퍼지기 직전에
비와 차 한 잔과 타는 촛불이 있다면
특히 거기에 몽롱한 눈빛의 사람이 있다면
우리는 소주 한 잔 더 아니할 수 없는 것이다

바라보면 공간은 우습게도
하나의 눈빛이 별이 되듯 아무것도 아니고
타오를 듯 흘러내리는 비는
시간의 강을 거슬러 가고
그때 곱던 여인은 눈을 들어
꿈보다 더 먼 곳을 꿈꾼다

비와 물이 동행하는 여름의 긴 나날에는
숙명처럼 원시의 순수를 찾아 나서야 한다
한 번도 연속적이지 않았던 것들의 연속성을 보기 위하여

그리하여 오늘
비를 마주 보며
몸을 태우는 촛불처럼
우리는 한 잔의 소주에 영혼을 태우며
지나가 버린 것들의 삶을 고통스레 대면해야 한다

비는 철조망이 되어 주위를 둘러싸고
세월은 물고기로 걸려 몸부림쳐도
다행히 꿈을 꾸는 사람이 있고
싱싱한 시간의 피비린내를 세탁하는 식탁이 있다면
이 여름밤에 저무는 삶을 깨워
우리는 소주 한 잔 더 마실 수 있다

2. 압구정 저녁 식사 보고서
만약 당신의 저녁상에 닭도리탕과 홍어회가 오른다면
 적어도 그것들이 한때 당신의 추억과 빛나는 순간들을 같이했었다면
 어찌 바람에 젖어들듯이 소주 한 잔 아니할 수 있겠는가
 그래서 오늘 저녁

나는 황혼을 이고 오래된 식탁에 앉아

북한강과 남한강이 보낸 물빛을 친구 삼아 소주 한 잔을 기울인다

한강 다리 위로 달리는 자동차들은 가스 같은 노을 속으로 사라지고

나는 지독한 감기에 시달리건만 매서운 순간순간이 너무 아까워

차마 가여운 육체를 계량할 수는 없다, 하지만

사물이 취하고 사고가 취하고 그의 모습이 떠오를 즈음에야 비로소

그가 오늘의 술자리를 유혹했는지도 모른다는 의심이 들었다

그 누가 술 한잔하자고 가슴을 으쓱이는 그의 당돌함에 저항할 수 있을까

몇 잔의 소주에 황혼은 눈부신 나신을 온통 드러내고

나는 황혼의 젖 바다 속으로 뛰어들고 싶었다

잔을 기울일수록 사랑은 멀리 있고 그리움은 가까워 타는 가슴도

황혼이 지고 잔잔한 강물의 숨소리가 술잔에 담기면 조금은 가벼워진다

오늘 저녁은 그토록 자제했건만
식탁에서 홍어와 닭이 나를 물끄러미 바라다보면
난 그들과 소주 한 잔 아니할 수 없었다
거기에 삶과 사랑이 다 있었기에

3. 사당동 저녁 식사 보고서
사당동, 파스텔 색조 하나 없는 파스텔 빌딩 3층
'불고기 브라더스'엔 변변한 소 한 마리 없지만
거기서 여성 두 명이 같이 소주잔을 들고 있다면
그 누구라도 시간에 취하지 않을 수 없는 거다

더군다나 그 여성들이 아름답기까지 하다면
벅찬 말 한마디 아니 터져 나올 수 없는 것이다

하여 거룩한 쇠고기와 소주가 사랑을 꿈꾸는 배 속을 채우며
정신을 마비시킬 때
큰 창 너머 '미송' 복 아구찜 집 위로
하늘을 찌를 듯이 솟아난 십자가의 첨탑은 여기
낮은 길을 거니는 황혼의 길고 긴 그림자들을 진혼한다

진혼에 품질이 있을 턱이 없건만
낮은 길에서 낮은 소리를 내는 사람들을 위하여
교회 옆 사단법인 '한국건설품질협회'에서는
나름대로 품질을 계급화하고 있을 것이다
나의 풋사랑도 품질화되고 있을 것이다

욕망은 낮게 흐르고 사랑은 높이 흐르는 이 저녁에
설혹 나의 사랑이 저품질화될지라도
적어도 아름다운 여성들과 자기를 희생하는 소 한 점
그리고 품질에 상처받는 사람들이 있다면
나는 과감히 소주에 몸을 맡기고
한국건설품질협회와 십자가의 풍경쯤은 무시할 수 있다

인생은 간다

고속도로 인터체인지 어두운 안개 낀 밤
가로등 불빛은 흰 옷을 나부끼며
유령처럼 안개 사이로 스며들고

청춘의 날은
노랗게 산란하는 자동차 전조등 불빛을 따라
휘어진 길을 돌며 안개 속으로 사라진다

지나온 세월이 안타깝듯이
앞으로의 세월도 안타까울까

바로 앞에서 부서지는 안개를 따라
보이지 않는 길을 부표로 떠올리며
인생은 간다

서글픈 노래를 불러야 하나

보이는 길이 없다는 사실에
앞만 보고 정처 없이 간다는 현실에

문득문득 나타나는 유령의 옷깃에 놀라며
인터체인지를 빠져나가는 청춘의 차는
무엇이 그리도 급한지 어둠으로 물들고

미래에 속하지 않을지도 모를
무모한 젊음을 매캐한 흔적으로 남기며
인생을 연소시킨다

지금까지 그랬듯이 앞으로도 그럴 것이다
삶이란 늘 몸의 마지막 꼬리들을 자르면서
시간을 짧게 만드는 작업

자르고 잘라 더는 못 자를 때
자른 부분들을 한 번쯤 회고하고
눈물을 흘리는 것

인생의 연습은 끝나고

청춘은 이제 존재하지 않는다

어두운 안개 낀 밤
길을 달리던 청춘의 차는
존재하지 않는다

잠시 후 어둠이 걷히고 새벽이 오면
새로운 날이 암호처럼 기다릴 것이다

인생은 시간의 암호를 푸는 여정
삶의 뒤에는 풀지 못한 기호들이 쌓여
지나간 세월을 스산히 조문한다

그래도 그리워라
지나간 날들과 마주칠 날들
인생의 가는 길목들

인생은 간다
청춘을 지나 중년을 지나
노년을 지나 삶의 끝으로

아쉬움과 회환의 물결 속에

정제되지 않은 행복과 불행을 섞으며

인생은 간다

황혼

황혼은 내 인생의 불투명한 창

모든 감각이 굴절하는 파국의 틈새

불안과 아름다움이 서린 저편

불온한 색채에 실린

다다를 수 없는 시간의 막

연신 각혈하는 의식의 모세관

치명적인 사고의 발단

처음에서 나온 마지막

어둠일 수밖에 없는 빛

지하철

지하1철
나는 그대 일상의 무거움을 가시처럼 달고 질주하는 남루한 무게

지하2철
허물 벗을 틈도 없이 노동을 삼켰다가 토해 내는 지하철 2호선

지하3철
한 여자는 코를 풀고 다른 여자는 귓밥을 파내고 또 다른 여자는 눈썹을 붙이고

지하4철
비린내 난다 비린내 난다 사람 비린내 난다

지하5철
바람 부나 비 오나 눈 오나 한결같은 날씨를 떠다니는 항온의 유령

지하6철
옹기종기 모여 앉아 인생의 조울증을 반추하는 공동운명체

지하7철
희로애락을 육중한 기계어로 번역하는 문명의 마술사

지하8철
어제 못다 한 꿈을 미련스럽게 고집하는 지친 아침

지하9철
불온을 사모하는 수도승의 풀 먹인 뻣뻣한 발걸음

지하10철
생식기 없는 쇠지렁이의 성교 소리 울려 퍼지던 어떤

오후

지하11철
매일 수천만의 우주선과 외계인이 살육되는 파괴의 현장

지하12철
서로 부둥켜안고 입술을 빨고 있는 저 천한 몸짓에 대한 부러움

지하13철
뛰쳐나가지 못한 욕망들이 고스란히 부식되고 있는 성난 인생의 지층

지하14철
사랑했어요 사랑했어요 당신의 뒷모습만을 사랑했어요

지하15철
성기를 계속 밀치는 헤라클레스적 사랑이 통한다고 믿는 자신감

지하16철
기다리는 자와 떠나는 자로만 구성된 기묘한 플랫폼

지하17철
죽은 하루의 시체를 무심히 제례하는 신나는 장송곡

지하18철
전혀 모르는 사람의 어깨에 기대어 잠을 청하는 자정의 여인

지하19철
노란 운동화 옆에 빨간 바지 옆에 파란 티셔츠 옆에 알록달록이 모자

지하20철
노약자, 임산부, 환자를 확실히 차별적으로 모셔 두는 곳

지하21철

어제 봤고 오늘 보고 내일도 볼 그 사람, 그 시간의 간격

지하22철

귀천과 성명이 모두 중화되어 사라지는 평균률의 음치

지하23철

맹렬한 자본주의와 하릴없는 인본주의가 야합하는 聖所

지하24철

망초조차 자라지 못하는 거친 땅에서 피어난 꽃

지하25철

비대한 몸으로 아무리 밀어도 찢어지지 않는 삶에의 의지

지하26철

지친 몸 아픈 몸 버려진 몸 싣고서 열차는 가네 가네 잘도 가네

지하27철

여기서 공통의 언어는 침묵이었으나 관조는 이단이었다

지하28철

네 빈속을 채우는 건 욕망이었지만 게워 내는 건 허무였다

지하29철

앉자마자 얇은 꿈속을 저주파로 스며드는 무채색 율동

지하30철

천천히 걸어 내려온 햇빛의 죽음과 조우하는 좁은 지하

함박꽃

모란의 마음을 훔쳤으나
백리향의 미소는 못 배웠나
웃지 않는 아름다움은
오래된 기억의 부활
나만의 순수

겉으로 붉으려 함은
속으로 우는 피멍
감싸고 감싼 세월
숨은 이야기들의 복받침

하늘을 우러러 옷깃을 풀다가
뚝뚝 떨어지는 더위 먹은 언어들
자세히 보면 실핏줄 터졌어라
자라난 것들의 아우성
꽃 속으로 잦아들고

모란도 백리향도 아닌

다른 무엇을 추구하였으니

끝내 남은 열정

함빡 핀 정오

동시 모방

1. 점 만들기
동그라미 속 꽉 찬 네모
그 네모 속 꽉 찬 동그라미
다시 그 속에 네모
네모 속에 다시 동그라미
자꾸 그리다 보면
점이 되지요

2. 아기 웃음 엄마 웃음
아기 웃음 달님 웃음
엄마 웃음 해님 웃음
방긋 방긋 아기 웃음
벙긋 벙긋 엄마 웃음
해가 지고 달이 떠도
달이 지고 해가 떠도
아기 웃음 엄마 웃음

3. 무지개

빛에서 나왔대요

무지개는

빨주노초파남보

하지만 아무리 빛을 봐도

보이지가 않네요

빨주노초파남보

크레파스로 그리면

빛이 될까요

비 개고 나오는

무지개는

빛에서 떨어지는 색깔 폭포

빨주노초파남보

둥글게 휘어져

멀리 있는 사람끼리 인사하지요

빨주노초파남보

서로 다른 색깔끼리 기대 있지요

4. 내 마음

그리려다 지웠어요
내 마음의 풍경

그리고 또 그려서
다 그린 줄 알았는데

지워지고 지워져서
없어진 줄 알았는데

하나도 그린 것 없고
하나도 지운 것 없어

내 마음에 깊이 숨은
지우개로 있는 풍경

가지려다 버렸어요
내 마음의 이름

가지고 또 가져서
다 가진 줄 알았는데

버려지고 버려져서
사라진 줄 알았는데

하나도 가진 것 없고
하나도 사라진 것 없어

내 마음에 깊이 숨은
공간으로 남은 이름

5. 뭉게구름
친구와 같이 보는 뭉게구름
새파란 하늘에 떠 있는
보드라운 실 뭉치

해님이 가져다 만드셨나
바람에 실려서 뭉쳐졌나
친구와 같이 보는 뭉게구름

친구와 같이 만든 뭉게구름

새파란 도화지에 떠 있는

아름다운 솜 뭉치

해님이 가져다 놓으셨나

바람이 실어서 모으셨나

친구와 같이 만든 뭉게구름

6. 우리 엄마

우리 엄마 죽은 자리

이름 모를 풀이 피고

우리 엄마 잠든 자리

이름 모를 벌레 우네

우리 엄마 살아생전

밝은 햇살 좋아했지

엄마 누워 하늘 보니

풀이 피고 벌레 우네

우리 엄마 죽은 자리
이름 모를 바람 부네

우리 엄마 잠든 자리
이름 모를 눈이 오네

우리 엄마 살아생전
하얀 구름 사랑했지

엄마 누워 하늘 보니
바람 불고 눈이 오네

7. 강의 노래
저 멀리 흘러가는 강물을 보면
잡을 수 없어 안타까운 세월이 있고
내 배를 밀어내는 강물을 보면
다가와 손짓하는 사람이 있어
강물은 흐르고 사람도 흘러
옛사람은 기억하기 어렵고

우리들 마음은 강물에 실려
정처 없이 어디론가 떠내려간다

저 멀리 사라지는 돛단배 보면
잡을 수 없어 아쉬운 시간이 있고
내 배에 속삭이는 강물을 보면
다가와 사랑하는 사람이 있어
강물은 흐르고 사람도 흘러
옛 추억은 기억하기 어렵고
우리들 마음은 강물에 실려
기약 없이 어디론가 떠내려간다

8. 강아지

강아지 강아지 솜털 강아지
귀여운 코 찡그리면 새침 강아지
아빠 엄마 화내다가 웃게 만들고
언니 오빠 다투다가 그만두지요

강아지 강아지 토실 강아지
어여쁜 귀 쫑그리면 놀란 강아지

아빠 엄마 일하다가 뛰어오고요
언니 오빠 공부하다 달려오지요

9. 산에서 사네
앞으로 넘어질 듯 드리운 산그늘에
몰래 숨어 사는 아름다운 소녀는
여름이면 청록치마 갈아입고서
멀리서 다가오는 소년을 기다리네
꽃을 담은 눈동자는 별빛으로 빛나고
꿀을 담은 입술은 달빛으로 물들었네
아, 어디선가 속삭이는 사랑의 노래
허공에 울려 퍼지면 소녀의 마음은
부풀어 올라 새처럼 하늘을 나네
한여름으로 피어 사는 소녀여

정답게 익어 가는 아스라한 산자락에
몰래 숨어 사는 아름다운 소녀는
겨울이면 하얀 치마 갈아입고서
아직도 오지 않는 소년을 원망하네
눈을 담은 손가락은 얼음처럼 차갑고

바람 쫓는 머릿결은 함부로 흩날리네
아, 어디선가 속삭이는 사랑의 노래
아직까지 남아 있건만 소녀의 마음은
한없이 무거워 가만히 눈물 훔치네
한겨울로 숨어 사는 소녀여

10. 아이들아

풀잎을 만지면
싱그러움이 쏟아져 나오고
마음을 만지면
두근거림이 쏟아져 나오네
아이들아 들판을 뛰어가 보자
거친 하늘 끝나는 곳까지
숨 가쁘게 뛰어가 보자
아무것 없어도 좋아라
동무들과 같이 뛴다면
아이들아, 아이들아
발길이 멈출 때까지
마음 닿는 곳으로 뛰어가 보자

11. 산길

걸으면 신발에 고운 흙가루 얹혀요
벌레가 일구고 나비가 물어 온

뛰면 가슴에 파란 바람 부딪혀요
다람쥐가 내뱉고 산새가 물어 온

산길에는 사람들 말이 없어도
사람들이 모르는 말은 많지요

흙이 이야기하고 바람이 전하는
곱디고운 전설이 살고 있어요

눈을 감으면 아득한 꿈이 보여요
물살에 흘리고 바위에 흩어지는

잠에 빠지면 아련한 임이 보여요
해님이 만들고 달님이 키우신

산길에는 사람들 이야기가 없어도
사람들이 모르는 이야기는 많지요

꿈에서 나타나 임으로 다가오는
아름다운 전설이 살고 있어요

12. 숫자놀이
하나 앞에 둘
둘 앞 셋
셋 뒤에 둘
둘 뒤에 하나

키 재기를 하나
사이좋게
옹기종기 모여서
놀이합니다

하나 더해서
하나 커지고

둘 더해서
둘 커지고

멀리뛰기 하나
사이좋게
옹기종기 모여서
놀이합니다

13. 비 그림 눈 그림
보슬비가 와요
푸른 나뭇잎 사이로
퐁퐁퐁 떨어지는 비는
친구 옷에 붙어서
비 그림 그려요

함박눈이 내려요
마른 나뭇가지 사이로
펑펑펑 쏟아지는 눈은
친구 옷에 붙어서
눈 그림 그려요

5부

아스라이 다가갈 수 없는

공기

딸애 허파에 바람이 들었다
늘 잘난 체 뽐내더니 허파 위쪽에 공기 방울이 생겼다
그래서인지 애가 방방 뛴다
허세가 하늘을 찌른다
허파에서 바람을 빼야 한단다
외부에 든 바람이 내부에 든 바람을 쫓아내고 있기 때문이다
인간은 내면이 듬직해야 하는 법
외면만 포장하면 가슴이 가빠진다
허파의 화장발을 지우기 위해 수술을 받았다
공기 방울을 없애고 구멍을 때웠다
공기 방울 하나 잘라 낸다고 허영이 줄까?
몸을 무겁게 하려면 쇠를 달아야 하지 않을까?
그래서 수술을 위해 찢은 자리에 막음용 스테이플러 알을 달고 나왔다
공기가 우리를 살릴 줄만 알았지 죽일 줄이야 어찌 알

앉으리
 무얼로 흥한 자는 무얼로 죽는다는 말의 실체를 깨달았다
 좋은 것이 사람을 죽이고 나쁜 것이 사람을 살리기도 한다
 그러니 좋은 것 나쁜 것의 구별이 어디 있으랴
 그저 쓰임새에 달렸거늘
 딸은 몸에 공기가 들었는지도 모르고 살았다
 몸이 가벼워져서 즐거웠다
 가벼운 것이 무섭다
 공기만으로도 삶을 아래로 끌어내린다는 것을 몰랐다
 공기를 좀 뺐으니 딸애는 사람이 되려나?
 딸의 시간들은 위로 떠오르려나?

장마

하늘이 어둡고 땅은 질척거린다
실금 갈라진 사이로
날카로운 물의 정들이 삐져나오고
무거운 현들이 습막의 정오를
낮은 어조로 읊조린다
하루가 쑤시려나 보다
하염없이 내리는 비는
세상을 다 적시고도 부족해
삶마저 무르게 한다
사람들은 밀도도 순도도 다 버리고
지하로 녹아든다
지난 각오들이 무력하기에
축축하게 물든 기억들은
시간의 삼투압을 이기지 못하고 풀어진다
한 사내의 등이 굽는 것은 바로 그때다
등짐이 물을 먹어 거대한 중력이 되고

책임이란 스스로에 대한 조롱

강바닥에 누운 채 흘러가는 풀처럼 애처롭다

사내는 어둡고 어두운 곳으로 흘러들어

어둠의 정수리에 부딪힌다

갈 곳 없이 공회전하는 상념을 원료로

사내는 부패한다

사내와 물과 어둠이 하나가 된다

하지만 빛은 암흑 속에서 태어나고

희망은 절망 속에서 잉태되듯

지금 매 순간

비는 푸른 하늘과 눈부신 태양을

사내의 가슴에 씨 뿌리고 있는지도 모른다

어쩌면 비가 씻어 내려고 했던 것은

일상을 고집하는 옹졸함의 공간이었는지도 모른다

줄기차게 비가 내리고

그의 짐이 떠내려가고 타인의 짐들도 떠내려간다

짐과 꿈이 같이 떠내려간다

사내가 살아나고

사람들이 운다

권력의 손

피에 굶주린 늑대와 배부르고 게으른 사자와 성가신 파리 떼가 같이 사는 곳

아침에 일어나서 참회록을 읽으며 마음을 추스르고 짙은 화장을 개시하는 연극의 세상

오염의 전투에 임하기 위해서는 맨얼굴로 자신이 없기 때문에 방탄의 도덕을 입히지

무엇보다도 열의에 찬 자기희생을 소화되지 않는 먹이로 되새김질하며

군중의 위를 빌려 영양분으로 변환시키는 마법의 연금술을 익히지

글보다도 강하고 칼보다도 매섭고 신념마저도 뛰어넘는 불굴의 유혹은

모든 정신의 가장 위에 있다고 칭송받는 거룩한 종교 위의 종교

아편 밭처럼 경작되는 비밀스러운 공간으로 존재하지

나도 알고 너도 알고 누구나 다 알고 있어, 달콤한 양

귀비의 즙

고통과 공포를 이기면서 세속의 걸음걸이를 가볍게 만드는 비약이라는 것을

이성을 마비시키고 인성을 저버리는 부작용은 좀 있겠지만

지배란 늑대와 사자와 파리 떼가 우글거리는 정글에서는 오히려 최고의 처방

모든 부작용과 부조리를 일소하는 천지번복의 묘책인 것을

애당초 권력의 성에 존재하는 유일한 성벽은 고결한 자기성찰이지

그러니 권력의 성에 사는 자들은 밤이면 홀로 두 손을 모으고 기도할 수밖에

절대로 자기성찰에 빠지지 않기를, 두 손에 쥔 권력이 빠져나가지 않기를

열정적인 것일수록 두텁고 두터운 것일수록 강하며 강할수록 몽상적인 것

그것이 기도하는 손임을 권력을 가져 보지 못한 자들은 절대 알지 못하지

서슬 퍼런 권력의 칼날을 무디게 하기 위해 흘린 피도

텅 빈 권력의 무능을 징치하기 위해 흘린 피도
　권력을 사모하는 손 앞에서는 불임의 재료에 불과했지
　우스꽝스럽지만 권력은 권력을 버림으로써만 핏값을 하는데
　한없이 간구하는 우리의 손은 오늘도 무엇인가에 끊임없이 울고 있지
　애절할수록 순수하고 순수할수록 아프고 아플수록 성스러우니까
　하늘은 예부터 그렇듯 무심히 파랗고 세월도 아무런 이유 없이 가건만
　열망하는 권력의 손은 늘 피를 머금어 보석처럼 붉게 타오르지
　결코 죽지 않는 활화산으로 남아 있기를 소망하면서
　그래서, 그래서 사람들은 권력의 손을 버리지 못하는 거야, 생명이니까

얼굴

태어나면서 아무것도 없이 햇살 부드럽게 내려 쏟아지던 투명하고 동그스름한 기름진 언덕에 우리는 정착했지. 세월이 흐르면서 맑디맑은 언덕 위에 죽은 것들이 쌓이고 쌓여 흙이 되고 우리는 자라나기 시작했지. 거기엔 어떤 의도도 없었어. 하늘이 정의나 불의에 무심하듯 그래서 모든 것을 볼 수 있듯 그런 무중력 상태로 우린 성장했지.

아무것도 모를 때가 제일 아름다웠지요.

폭풍우가 몰아치거나 번개가 내려쳐서 언덕을 할퀴기도 했지. 누구도 무슨 일이 왜 일어나는지 다 알 수 없듯 언덕의 생채기는 필연이라거나 우연이라고 부를 수 없었지. 그냥 존재하는 것들, 또는 존재하려는 것들에 대해서는 받아들일 수밖에 없다는 사실도 곧 깨닫게 되는 거지, 무슨 구실인가를 붙여서라도.

모르는 것들을 다 밝혀내는 것이 진보의 승리인데요.

언덕에 돋우어진 흙 밭에 고랑이 생기고 물이 흐르기 시작했지. 처음에는 아주 작은 고랑이어서 물은 소리 하나 없이 가슴에 파문 하나 일으키지 않고 흘렀지만 이랑이 높아질수록 거센 물살이 격랑이 되어 흘렀지. 살아 있는 것들은 다 소리를 질러야 한다는 것처럼 빳빳한 아우성들을 면도날로 시퍼렇게 쏟아 냈지.

세월이 흐르면 오래된 산은 깎여서 잔잔해진다는데요.

흐르는 것들은 항상 무엇인가에 부딪혀서 포말로 넘실거리고 상대편을 부수어 상처를 내기 마련이지만 상대방이 늘 자신이라는 것은 알기 어려웠지. 그래서 언덕 이랑에는 서로의 목숨 가치를 증명하려는 무덤들이 하나둘씩 들어서고 어느새 흙 밭은 무덤 밭이 되지, 꾹꾹 눌러 밟은 생존의 흔적들이 모였지.

세상에서 제일 조용하고 평화로운 곳이 죽어 있는 것

들이 사는 곳이라지요.

없던 것들이 생겨나면 있던 것들은 사라지고 남아 있는 것들은 변하지. 창처럼 뾰족하고 칼처럼 날카롭던 기개도 헌 연장인 양 제 빛을 죽이고 이 빠진 날은 맥 빠진 기침 소리로 아침을 마주하지. 청춘의 노년을 가장하려는 위험한 시도는 영양제를 찍어 먹는 잿빛 비둘기의 모습을 영락없이 닮았더랬지.

육체와 정신의 순한 방정식이 존재한다고 믿으라지요.

보고 듣고 말하고 냄새 맡는 일이 많으면 많아질수록 언덕은 마모되어 윤기를 잃고 대지는 속을 드러내려 검붉은 피멍을 뚫고 허연 손톱의 갈기를 세우지. 어차피 단단하게 무장된 것들만 남는다는 것이 이치인 줄을 모르지는 않지만 나날이 사라져 가는 감각의 제국을 아쉬워하며 아스라이 다가갈 수 없는 먼 곳을 꿈꾸었지.

새로운 약속들은 체념 속에 존재한다는 것을 아시는지요.

세월이 흐르면서 아무것도 없던 우윳빛 언덕에 고랑이 생기고 물이 흐르고 풀과 나무가 자라나고 낙엽과 씨앗이 떨어지고 언덕의 윤택함도 다해서 어둔 뒷골목의 시궁창 냄새를 풍기면 우리도 역할을 다한 거지, 우리의 이름은 삶의 행복과 불행, 즐거움과 고통 또는 그저 나날이라고 불러도 아무 상관없어, 삶의 이전부터 지금까지 존재해 왔으니까.

　제대로 안다고 생각하지만 그럴 리는 없겠지요.

　과거를 회상하거나 현재를 숨 가쁘게 달리거나 미래를 상상하면서 우리는 지내 왔지. 보고 듣고 말할수록 과거와 미래가 가까워진다는 사실을 망각한 채로 말이야. 뱀의 청춘, 왕관의 중년, 곳간의 노년을 바라지만 언덕 위에 일군 것들은 다 일몰 속으로 봉양하기 위한 제물에 불과하다는 것을 종국에 깨달았지.

　신이 되기 위해서는 봉양할 것이 없어져야만 하지요.

태어남과 죽음 사이에 계량할 수 없는 시간과 같은 사람의 아주 다른 얼굴이 존재한다는 것이 얼마나 이상한지 한바탕 웃었지. 삶이란 거칠음을 옹호했다가 그 거칠음에 져서 자기 자신을 고이 눕히는 작업이라는 것을 알고 얼마나 비참하던지 한바탕 울었지. 아무리 그래도 고랑은 지워지지 않고 낙엽들과 무덤들은 사라지지 않는데. 세월은 무심히 흘러만 가는데.

미스터 제로의 기묘한 행각

1. 순수는 상처 입기 쉽다
2. 상처 속에는 칼날이 드리운다
3. 칼날이 제맛을 알면 사상이 된다
4. 사상은 사상이란 적을 먹고 산다
5. 적은 용서하지 않기 위해 존재한다
6. 용서는 가난한 자만이 가능하다

1. 순수는 상처 입기 쉽다
 적색왜성처럼 어슴푸레 우는 가로등 사이를 음울하게 흐르는 어깨 굽은 사람들이 미워서
 그는 오롯이 맑고 밝은 순수를 고집했다

 시퍼렇게 빛나는 대기의 결을 따라 흰 눈 그저 떨어지는 새벽
 호흡은 얼어붙을 듯 적막하고

두뇌는 명증스럽게 냉정해서
공연히 유영하다 불시착하는 사고 따위는 애당초 배제되었다

맑고 밝은 삶이란 오히려 흐리고 어두운 것일지도 모른다
섞여 있지 않음의 쓸쓸함과
경계의 결계에 대한 두려움과
하루하루 죄를 짓고 죄를 씻고 또 죄를 지으려는 의식이 뒤범벅되어
상시적으로 제공되는 세계에서는
청정함이란 헛된 욕망이 낳은 기원일 수밖에 없지 않은가

그래서 그에게 여인은 소녀에서 벗어나지 않았다
소녀는 모든 빛의 메아리조차 내부에 가둬 잘디잘게 반짝이게 하는 마법이었다
때가 탄 늙은 다이아몬드 반지가 아닌
온도와 압력이 온전히 원시로 살아 숨 쉬는 미답의 지층이었다

절대온도처럼 당당하려는 그에게
코스모스와 백합의 정원을 거니는 소녀는 언제나 위험했다

눈을 감으면 아련하고 가슴 찌릿하게 울리는 멀고도 가까운 감각의 공간
한없이 포근하게 안아 주며 귓가에 위안의 저음을 흘려주는 요람
그곳으로부터 와서 그곳으로 돌아가야만 할 운명의 모노크롬 화집
순수란 소녀처럼 얼마나 아름답고 연약하고 애절한 것인가

앞으로 가지 말자
보존은 변동보다 강한 것
청춘이 노년을 미워할지라도 유년을 미워할 수는 없으리

가슴에 그것을 품고

그것을 위해 그것이 다치지 않게
누구도 범할 수 없는 비처의 비밀로 부호를 붙여
설혹 그렇게 굳어 버린다 해도 또 그렇게 간직하며 살아가자
순수한 것은 상처 입기 쉬우니까

2. 상처 속에는 칼날이 드리운다
꽃은 사람을 위해 피는 것이 아니라는 것을 깨달았을 때
그의 순수는 아팠다
곤충에게 꽃은 그저 성찬의 식탁이라는 생각이 들 때마다
꽃은 그에게 배반의 덩어리였다

믿음은 진실 앞에서 장미꽃 한 송이의 가치도 안 되지만
때로는 진실이 믿음 앞에서 장미꽃 이파리 하나의 가치도 안 되기에
믿음과 진실을 재는 부등호의 크기를 고민하며
그는 내내 거짓을 증언하는 짐승의 울음을 흉내 내곤

하였다

  그해 빗물이 넘쳐흘러 뭇 사람들의 케케묵은 울음을 쓸고 간 후
  그의 순백의 가슴에 결정으로 빛나는 엄정한 정신은 어질어질한 환희로
  기고만장했지만
  늘 그렇듯 단단한 것이 깨지면 무수한 칼날로 흩어지기 마련
  거기서 군림하는 것은 정신이 아니라 아픈 말단의 신경이었다

  그래, 거북이 등껍질 같은 신념과 유리알 같은 순수는
  일단 부서지면 다시는 고치기 어렵지
  지저분하고 끈적끈적하고 불쾌한 공기에 휩싸인 불온한 것들의 목소리가 지닌
  강력한 생명력, 역시 천한 것들은 여간해서는 안 죽어, 모기처럼 시끄럽고 성가신 것들
  고귀한 신성은 상하기 쉬운 재료
  더러운 손들의 희미한 지문에도 낙인찍히지

그러니 상처 주지 마

아파

찢어진 내 마음

예쁘게라도 찢어졌으면 좋으련만

그런 상처가 있을 리 있나

예쁜 상처란 없어, 상처는 아물지 않아, 치유로 거짓 포장한 채 흉하게 숨어 있을 뿐

다들 기억하지 않으려는 거지, 무시하는 거지, 현재로 과거를 꾹 누르고 있는 거지

모든 상처에는 칼날이 숨어 있어, 피 나오잖아, 검붉은 그믐달 칼날에 묻은 피

칼날의 어미가 칼날의 새끼를 낳고

칼날의 새끼들이 모여 칼날의 방을 짓고 상처 속에 들어앉아 살지

애당초 칼날이었던 순수

상처로 운명 지어진 진리

3. 칼날이 제맛을 알면 사상이 된다

어른들이 모여 흰 눈밭을 어지르며 논다

한 사람이 다른 사람의 엉덩이를 찬다
다른 사람은 또 다른 사람의 엉덩이를 찬다
또 다른 사람은 또 또 다른 사람의 엉덩이를 찬다
그렇게 사람들이 제각기 다른 사람들의 엉덩이를 찬다
사람들이 서로 다른 사람들의 엉덩이를 차는 데 이유는 모른다
다만 그런 데는 무슨 묘한 이치가 있다고 생각할 따름이다

행동은 재미를 낳고 재미는 습관을 낳고 습관은 생각을 낳고 생각은 사상을 낳는다

상처받고 깨진 사금파리 순수가 칼날이 되어 움직일 때
그것들이 숨을 쉬고 머리를 쓰고 화장하고 멋진 옷을 입고 나갈 때

쇼윈도 뒤에 서 있던 마네킹이 우아한 자태로 거리를 활보할 때
날카로운 행동들은 주조되어 고명하고도 엄숙한 사상이 된다

감성의 씨앗은 자라 거대한 사상의 숲을 만든다
숲을 뒤덮은 언령은 싱싱한 건물이 되어 생기 잃은 인생들을 보듬고
슬픔을 미분해서 기쁨으로 환원시킨다

아프기만 했던 것들은 이제 새로운 것이고
추레하기만 했던 것들은 늠름한 것이다
그래서 칼날의 사상은
슬픔을 적분해서 분노의 화염으로 재탄생시킨다

그대여 보라, 상처로부터 이루어 낸 분노의 치유력을
느껴라, 순수의 상처에 드리운 칼날의 황홀한 연금술을
앙배하라, 세상을 뒤덮는 사상의 드높은 위상을
그리하여 거칠 것 없이 표표하게 나부끼는 깃발이 되어
휘발로 이글거리는 사막부터 만년 결빙의 툰드라에

이르기까지
　소리로 질주하라, 빛으로 퍼져라, 심장으로 고동쳐라
　보이는 것도 보이지 않는 것도 모두 휩쓸어 품에 안
으라

　어른들이 모여 논다

　한 사람이 다른 사람의 엉덩이를 찌른다
　다른 사람은 또 다른 사람의 엉덩이를 찌른다
　그렇게 서로들 돌아가며 엉덩이를 찌르며 논다

4. 사상은 사상이란 적을 먹고 산다
　첫사랑의 입맞춤
　까슬까슬한 입술이 고와라
　겨울향 이른 봄내음
　입술에 묻은 사연
　묻지 않아도
　사랑은 관념이 되고
　관념은 정념이 되어
　말없이 우리를 감싸니

은은히 전해지는 밀어
그날 밤의 설레임
영원히 간직되리

사상은 관념과의 연애
사상가는 연애의 설계자
사랑을 꿈꾸지
불륜의 사랑까지도

내가 무슨 생각을 하든 간에 동시에 그와 반대되는 생각을 또 합니다
불손하지만 은밀한 쾌감이 서립니다
위험하지만 공연히 딴짓을 하고 싶습니다
반대가 없으면 너무 심심한 세상입니다

사상은 차갑고 딱딱해서 무성생식이 잘 안 되기 때문에 몸을 뜨겁고 부드럽게 할 계기가 필요했는데 일반적으로 친구보다는 적이 몸을 후끈 달구기 좋기 때문에 사상은 적이 되는 사상을 흠모하고 그리워할 수밖에 없는 숙명이었고 사실상 적이 없는 사상은 사상이라고 부를

수도 없는 뭉뚱그려진 자위적 사고의 덩어리였는지도 모르고 걸쭉하고 애매모호한 제목으로 적당히 눈길이나 끌려는 사이비 이론가처럼 그래서 적이 사상의 눈과 코와 입을 뚫어 주기 전까지 사상은 그저 호사가들이 주물럭거리는 호기심의 반죽에 불과했는지도 모르지

  사상의 적이여, 어서 오라

  그대는 나의 영양분

  나의 영원한 증식세포

  암흑이자 빛

  그대 때문에 분노하고 좌절하며 기뻐하고 발전하니

  그대 없이는 대중 앞에서 나는 비참한 존재

  그대의 유전자로 나는 각성하니

  나는 곧 그대

5. 적은 용서하지 않기 위해 존재한다

무조건 적을 미워한다면

그는 적을 모르는 사람이고

무조건 적과 싸운다면

그는 친구를 모르는 사람입니다

적은 나와 다르기에 적이지만
애당초부터 적이었던 것은 아닙니다

적은 내가 용서하지 않기 위해 강제로 존재시키는 허구입니다
신은 인간이 도달할 수 없는 피안의 언덕에 세워 놓은 허상이라고 주장한 자도 있는데
적은 인간이 다가갈 수 있는 정도의 거리에서 만들어 낸 내 비대칭의 신입니다
인간의 심심함과 무기력을
일정한 성분의 증오로 에너지화하는 고차원의 작위입니다
미워하지 않아도 되고 싸우지 않아도 되지만 용서하지 않기 위하여
기교를 섞어 구별을 통해 나와 다른 것들로 고안한 천재적인 발명품입니다

여명의 사육제,
풀잎에 맺히는 한 방울의 이슬이 아쉬워
저는 태양의 뜨거움을 미워했습니다

온 밤이 힘들여 짜 놓은 맑디맑은 어둠의 승화
비로소 익어 물의 사리로 빛나건만
인연은 흐르고 생명은 끝없이 일어나
먼 훗날 지금 증발한 몇 방울의 이슬들이 모여
전설과 신화의 수원이 될지라도
지금 아침 연록을 아롱지어 초록으로 덧입히는
한 방울의 눈물이 아쉬워
가슴을 말리는 손길들과 싸웠습니다
저는 그것을 용서할 수 없었습니다

내 순수를 다치게 하는 자는 적입니다
하지만 그 적이 없으면 내 순수가 빛나지 않습니다
적이 많을수록 나는 순수해지고 적이 강할수록 내 순수는 화사해집니다
그러니 어찌 적을 용서할 수 있겠습니까
적을 적답게 대우하는 것이 적에 대한 도리입니다

아무리 해도 적을 용서해지지가 않는군요
제가 제대로 된 사람인가 봅니다
큰 적, 작은 적 그득 모아 삽니다

그러니 시원의 사상가들은 얼마나 독한 적들을 많이 모았을까요
독한 적들로 그득 찬 독들이 세상 마당에 그득합니다,
그 독에서 생명을 퍼 마십니다

6. 용서는 가난한 자만이 가능하다
바다가 잔잔한 이유는
더 이상 흐르는 물이 없기 때문이다
저 높은 수원에서부터 여기 오기까지의 고된 여정
지나친 풍경들을 모두 간직하느라 피곤한 몸
이제는 편히 쉬시라 만든 물자리
깊은 꿈속에서 물고기 몇 마리 돌아다녀도
잠 깰 염려는 없으리
모든 것을 다 놓은 자는 가난하니
세상에 받아들이지 못하고
용서하지 못할 것이 무에 있으랴
영원한 평온

하지만 안식의 잠을 깨우려
위에서 부는 충혈된 바람

갖은 사연들을 다 제자리로 되돌려 보내고 순수의 물로 돌아가
태어나기 전의 침잠에 잠기려는데
누구인가 식은 피에 얕은 흥분제를 뿌려 포말의 아우성을 일으키려는 것은

부글부글 끓는 사명과 조용한 관조는 결코 어울리지 않아
노동 없는 꿈은 용서할 수 없지
하찮은 생명조차 홀씨불이 하거늘
하물며 기나긴 세월의 숫돌에 갈고 갈은 인식의 틀을 갖고 있는 것들에게
휴식이란 금기어, 진보의 반대말
진보란 극복해야 할 무엇, 다른 무엇들이 있어야만 움직이는 수동형 능동어
애벌레처럼 푸른 마음의 잎을 갉아 먹고 사상의 나비가 되어 하늘로 솟구치지

절대 젊음이 순교하는 아름다운 묘역
절대 기대로 포장되는 미래의 낙원

그런 진보의 우주를 꿈꾸는 자에게 머뭇거림이란 죽음보다 더한 모욕, 추하지

　하지만 바다의 뼈가 되어 가장 낮은 곳에서 눈 감고 있으면
　세상의 무게란 시끄러운 하루살이들의 날갯짓 소리 정도
　아무리 대단한 높이라도 다 감당할 수 있어
　신경질적으로 유영하는 사상가들의 거친 입담과 굴곡된 시야쯤이야
　다 용서할 수 있지, 완벽하게 용서할 수 있지
　가난은 버리는 것, 비우고 비워, 하여 버릴 것이 없어 간직함도 없는데
　사람이 만든 것쯤이야 미련 없이 용서할 수 있지
　언제나 광활한 늦가을의 햇살이 그러했듯이
　가난으로 빛나는 마음은 용서의 평원에서 세상을 비추지
　가난이 공연히 순수를 향해 나아가지만 않는다면

안개의 나라

그곳에서 흙탕 진 강둑 위를 걸을 때면 강 아래로부터 먹물 진 안개가 올라와 사람들은 발목 없이 유령처럼 떠다녀야 했다. 무리 지어 검불로 헤매는 군중들 사이로 갑자기 제도라는 이름의 노란 불등 하나가 눈을 부릅뜨며 달려와 길을 비추곤 했지만 그것 역시 바퀴가 보이지 않는 건 매한가지였다. 우습게도 그것도 유령이었다.

안개는 본디 하얗더랬다. 거기에 어둠을 넣은 것은 유령이 되고 싶은 자들이었는지도 모른다. 장막의 안개는 서로를 보기가 부끄러운, 체면을 고려한 배려라고 짐작될 뿐이었다. 그 속에서 누구는 돈을 벌고 누구는 포주의 양녀가 되었다. 그러나 다들 구두 솔의 솔 한 가닥 빠져나간 값어치도 안 되는 인생들이었다. 그래서 누구든 만나면 어둠을 칭송하였다. 상처 입은 영혼을 진무하는 안개는 신이라 불렸다.

안개 속에서는 언제나 큰 진실보다 작은 허위가 더 매력적이기 때문에 사람들은 변장을 게을리하지 않았다. 때로는 한숨도 유혹적이었다. 사랑의 모습을 한 광기도 있었다. 안개를 질질 끄는 수레를 닮은 권력이 새벽 종소리처럼 시끄럽게 울려 퍼졌다. 죽어 있는 풍경을 깨우려는 사이비 화가처럼. 또는 죽어 가는 어느 문학청년의 단발마적 시구처럼.

바람 부는 날은 잔인했다. 안개 속의 신비가 속살을 조금이나마 보였는데, 거기에는 스스로를 가두기 위해 만든 우리가 있었기 때문이다. 누군가는 껄껄 웃었고 누군가는 통곡을 했다. 안개가 다시 드리우기까지는 아주 조금의 시간밖에 없었지만 그 불밝힌 시간은 속을 게워 내는 고통이었다. 진실을 위해서는 허한 의식이 요구되었기 때문이다. 그리고 안개가 입을 오므리면 사람들은 안도했다. 안개는 다시 산 그림자같이 무거운 평온을 되찾았다.

아무리 바람이 불어도 안개는 늘 고고한 성으로 남아 있었다. 정조를 지키는 요녀처럼 붉은 눈동자와 순진한

얼굴을 간직한 채 몸짓 하나 흐트러뜨리지 않았다. 거기에는 무수한 소문이 돌고 소문을 먹고 사는 괴물이 자라고 괴물을 부리는 주인이 살고 있다지만 실제 본 사람은 아무도 없었다. 안개는 늘 차가웠지만 사람들은 어둠을 환희하는 맹인처럼 안개의 따스한 품을 즐겼다. 안개는 너무도 쉽게 목소리들을 집어삼켰다.

산 아래 안개가 흐르는 그곳에 무엇이 살고 있고 어떤 일이 일어나고 있는지는 빛과 소리로도 전해지지 않았다. 탐험을 하러 들어간 자들이 있었다고 한다. 그러나 나왔다는 사람의 풍문은 없었다. 그래서 그곳이 가장 행복한 곳 또는 금단의 행복이라고 믿는 사람들도 생겨났다. 안개의 나라는 여전히 신의 영역이었다. 지금은 흙탕 진 강둑들이 사라지고 없지만 대신 강철과 유리로 둘러싸인 도시에서 반짝이는 아스팔트를 걸으면 석유 진 안개가 올라와 사람들의 구두를 더럽혔다. 그리고 안개도 견고했다.

슬픈 날의 생각

슬픈 날
점은 내가 들어가 사는 집이야
커다란 진흙 덩어리 공간, 초원이지
몸에 검정이 묻어 알록달록한 표범
눈에 불을 밝혀 순한 먹잇감을 쫓는 거야
발아래 눕는 풀들과 회오리치는 먼지
헐떡이는 숨소리가 모두 다 나야
사슴을 보면 사슴을 먹고
그림자를 보면 그림자를 먹고
시간을 보면 시간을 먹지
이빨 자국이 듬성듬성 나 있는 못생긴 달 조각
다시 크면 또 물어 줄 거야
나는 지금 표홀한 고독의 황제
사람을 버린 화살
뒤 없는 공간을 질주하지
온밤을 끝없이 달려 새벽이 오면

새 빛 머금은 이슬 한 방울 떨어지면
내 왕국은 물먹은 솜처럼 스러지는 거야
하지만 눈물이 나를 끌고 가진 못해
내겐 숨 쉬는 점이 있어
거기선 언제나 알록달록한 표범이 달리고 있거든
싱싱한 어둠을 밀어내면서
지치지 않는 정신으로 질주하지
슬픈 날
점은 내가 만든 생명의 집이야
내가 나로서만 달리는 초원이야

어떤 사내의 모험 여행

문득 사내는 펜을 놓고 칠흑 같은 밤 아무도 모르게 수신처 없는 엽서가 되어 떠났다

사내가 떠난 자리에는 나이테 없는 사랑의 나무만 남았는데 아무도 눈길을 주지 않았다

왜냐하면 그 나무에는 이름이 없어서 부를 수 없기 때문이었다

그 나무가 무엇으로 사는지도 밝혀지지 않았지만 나무는 여전히 자라고 있었다

사내는 계절들을 스치고 사람들을 스쳐서 꿈틀꿈틀 지렁이처럼 걸어갔다

여러 사람들이 말을 붙였지만 사내는 그저 미소로만 대답했다

사내가 지나간 길에는 항상 흔적이 남았는데 그건 냄새였다

저 먼 곳부터 끌고 온 사람들의 냄새, 나무들의 냄새,

시간의 냄새

  어떤 이들은 사내처럼 길을 떠났다
  그 사람들은 두려움과 흥분 속에서 새로운 풍경을 찾아 떠났다
  이런 이들의 의식은 단순명료해서 세상을 오직 단문으로만 묻고 단문으로만 답했다
  이들에게 그전 세상은 상처 입은 의문부호일 뿐이었다

  사람들은 자기들이 보는 만큼씩만 세상을 이해하였다
  세상의 눈은 어떤 완고함과도 비교되지 않을 정도로 흔들리지 않았다
  사람들도 흔들리지 않았다
  사내는 세상을 무시한 채 깨지고 버려진 시간들을 모아 마음의 집을 지었고
  그 집은 사내와 세상이 소통하는 유일한 창구였다

  사내는 오랫동안 걸었다
  사내는 지금도 길을 걸으며 사람들이 버린 시간들을 줍는다

때론 한 스푼의 라면 국물로도 세상을 묻고 답할 수 있지만
사내의 어눌한 의식에서 세상은 굽이치고 굽이쳐
묵묵히 걸어야 하는 길일 뿐이었다
사내가 집을 떠난 이후 삶은 걷는 것이었고 그 이외엔 아무것도 없었다

진보의 애가

1. 기원

아가야

이제 네가 속한 곳으로 가려무나

차가운 시선과 언어의 이단에서 벗어나

맹목의 행동과 침묵의 마음으로 물든

너만의 땅으로 가려무나

사람들은 이야기하곤 하지

평균에 다가가지 못한 것들은 도태되어야 한다고

혹 덩이로 타인에게 붙어 다니는 반쯤 죽은 것들과

제 목숨값을 못하는 부실한 존재들은

개나 원숭이보다도 못하다고

가치를 창출하지 못하면 떠나야 하는 비정한 사회에서

이해와 용서를 구할 줄도 모르는 것들은

기생충처럼 주변을 괴롭히고 분노하게 만드는 파괴자

타인으로부터 여분의 동정에 힘입어 사는 것들은
오로지 죽음으로서만 다른 존재들과의 동일한 가치를 입증하지

세월이 가도 자라지 않는 정신의 항상성을 유지하기에
구성원이되 애써 무시되는 구성원은 삶의 정체(停滯)
품으로 보듬는다고 말하지만 받아들여지지 않는
다른 존재, 그 이질적인 느낌
차별화되는 것들은 다 이유가 있기 때문이야

변명처럼 들리지만 누가 볼 수 없어
암흑과 적막에 싸인 공간 속에서 살아도
누구를 향한 칼을 가지고 있지 않아
오로지 자신의 내면만을 무심히 저미고 저며
모든 것을 자신에게 돌리는 책임을 완성하지

그리하여 아무도 탓하지도 않고
하루하루의 의미를 음미하거나 축적하지도 않아
쌓을 업도 쌓은 업도 없어
칠정오욕의 불씨만을 간신히 살려 사는 삶이란

자신을 허공에 놓은 무소유의 삶이거늘

모든 것에서 의미를 찾아야만 하는 종족들은
낮고 힘없는 것들을 조롱해야만
자신의 생명에 위안을 느끼기 때문에
오늘도 진보의 세계에 속하지 못한 것들은
구정물에 빠진 벌레나 다름없지

존재하는 것을 존재하게 만든 슬픔은
죽음에 이를 때까지 지속되나니
거리에 굴러다니는 찢어진 비닐봉투처럼
가련한 가슴에는 회한을 가득 채워
스스로에게 절대의 형벌을 내리지

그래, 아가야
이제는 네가 속한 곳으로 가려무나
절대의 규율과 사고의 지평에서 벗어나
따뜻한 폭력과 몸부림의 욕망으로 물든
너만의 땅으로 가려무나

2. 비통

얘야, 네가 화낼 때
부모의 가슴에는 불길이 일고
얘야, 네가 자신을 괴롭힐 때
부모의 몸뚱이는 갈기갈기 찢어진단다

세상을 향해 외칠 줄 모르기에
자신에게 벙어리의 비명을 지를 때면
부모는 억지로 숨죽여 홍수 같은 울음을
시퍼런 가시로 토해 낸단다

무엇을 바라겠니
평범하지 않아도 좋단다
스스로의 목숨이 소중하다는 것을
느끼기만 한다면

누구에게는 그리도 쉬운 것들이
다른 사람에게는 한없이 어렵다는 것을
삶이란 그러하다는 것을 알고 있지, 하지만
너에게는 그런 사실조차도 비껴가는구나

나는 살아 있다고
아니 나는 생명이라고
단 한마디 울부짖음의 소리
'살고 싶어' 듣고 싶은 염원

눈을 감으면 세상은 하나로 통일되지만
눈을 뜨면 다 다른 제각기의 세상
얘야, 너의 세상은 어디 있느냐
너의 천국과 지옥은 어디 있느냐

다 비틀어져 버린 몸과 정신을 넘어
평화롭고 아늑한 너만의 세상은
정상적인 나날에서는 영영 찾을 수 없고
결국 내생에서나 있는 것일까

얘야, 울지도 화내지도 말아라
자신을 학대하지도 말아라
부모의 영혼에서 나온 슬픔과 분노와 자학을
죽는 날까지 지키려니

3. 비밀

아빠, 나비가 흙 속을 날아다니니
구두코가 더러워져요
엄마, 새들이 하늘을 기어 다니니
모자 끈이 간지러워요

아침에는 밥을 넣지만
점심에는 꽃가루를 잡고
저녁에는 모이를 부비면서
목이 마르면 꿈과 뒹굴어요

내가 그인지 그가 나인지
내가 쓰다듬는 것이
나인지 그인지
빙빙 돌아서 알 수 없네요

무엇이든 보이는 대로
무엇이든 느끼는 대로
무엇이든 들어오는 대로
무엇이든 나가는 대로

시작과 끝이 어지러워
답을 말하라고 하면
"음"
다 아는 답을 말해 주지요

사람들이 아는 것을 말하고
듣고 싶은 것을 원할 때
우리는 아는 것에 침묵하고
듣는 것에도 침묵하죠

한없이 조용한 내면에
들끓는 세상 이야기
수도승처럼 침묵시키며
비밀을 쌓아 가죠

사람이 만든 그 어떤 것에도
걸리는 법이 없어
자유로운 비밀
생명의 암석을 키우죠

세상이 열 수 있는 문은
나비의 더듬이와 새들의 날개
흙 묻은 구두와 간지러운 모자
좀 불편한 손잡이지요

그냥 보세요
이런저런 말들은 필요 없어요
아무 말 않는 사람들이
이상하다고 생각하지 마세요

아빠, 곰 한 마리가 구름을 뜯네요
아기 구름이 간지럽다고 웃어요
엄마, 물고기 한 마리가 풀밭에서 노네요
풀들이 옆으로 누워 헤엄치네요

한강

강물에 잠긴 달은
건져 내도
냄새가 가시지 않는다

전구의 띠에 연접되어
문명이 되어 버린 강
불빛에 몸을 꽁꽁 묶인 채
박제된 나비가 된다

나비가 산란한 카페에서는
지저분한 그래픽 화소 같은
웃음들이 판매되고
무단변속으로 질주하는
허영들이 소비되고
화폐는 물의 힘줄을
강제로 교정한다

강이 비명을 지른다

하지만 그 소음은

바쁜 도시의 걸음에 묻혀 무시된다

인간이 자리를 잡고 난 후

자기를 온전히

간직한 것이 있던가

본래의 것이 만들어진 것으로 치환된다

음울한 도시의 산성비에 삭은

피부 아래

충혈된 물고기들이

옛 추억의 페이지 속을 유영한다

가여운 우리 그물들은

태고의 파편이라도

건져 올리기 위해 애쓰는데

젊음을 실은 배가

복부를 죽 찢으며
지나간 고랑을 따라
도시가 흘린 배설물들이
야심 찬 미래로 흐른다

강이 운다
아파서 우는 것이 아니라
방부제에 취해서 운다

비 오는데
내가 울고
도시가 운다

스스로 가려운 등을 긁고
똥 싸는 강이 그립다

오늘은
아기처럼 간직한 달을
만나고 싶다